DISCOURS

PRONONCÉ PAR M. DE CAZALÈS,

DEVANT LA COUR D'ASSISES DE LA SEINE,

LE 31 MARS 1832.

A PARIS.

AU BUREAU DE LA REVUE EUROPÉENNE,

RUE DES SAINTS-PÈRES, N° 69.

1832.

DISCOURS

PRONONCÉ PAR M. DE CAZALÈS,

DEVANT LA COUR D'ASSISES DE LA SEINE,

LE 31 MARS 1832.

MESSIEURS LES JURÉS ,

« *La Revue Européenne* paraît en justice pour la première fois , et ce n'est pas par les débats judiciaires que vous pouvez avoir appris à connaître ses rédacteurs. Il importe donc à ma cause de vous exposer fidèlement ses antécédents, ses principes, sa tendance, afin que vous puissiez juger si ceux qui l'écrivent sont des brouillons, des agitateurs, des ennemis de l'ordre et de la paix publique , ou si plutôt il n'ont pas droit à l'estime, j'ai presque dit à la sympathie des honnêtes gens de toutes les opinions.

Il y a un peu plus de trois ans que mes amis et moi, nous fondâmes un recueil hebdomadaire appelé le *Correspondant*, dont la *Revue Européenne* n'est que la continuation. Il nous semblait qu'il avait quelque chose de mieux à dire que ce qui se disait autour de nous , et qu'il nous appartenait à nous jeunes gens , étrangers par notre âge aux passions, aux haines, aux ressentiments profonds que le spectacle de grands crimes et de grands malheurs avait dû laisser dans l'âme de nos pères, qu'il nous appartenait, dis-je, de chercher plus haut que les stériles et interminables querelles des partis, les bases d'un ordre de choses à venir, où les besoins les plus contraires, où les doctrines les plus incompatibles en apparence pussent trouver à se satisfaire et à se concilier. Le problème ne nous parut pas insoluble, persuadés que nous étions que notre fièvre politique n'était qu'un symptôme et un accident d'une maladie sociale plus profonde, mais à laquelle il y avait un remède. Pour ranimer dans les âmes l'énergie, le dévoûment, l'enthousiasme, pour y réveiller les sentiments généreux et les grandes pensées, pour restaurer à la fois, la société, la philosophie, les sciences, la littérature, nous croyions qu'il suffisait d'y faire rentrer le christianisme méconnu, abandonné, aussi mal compris souvent de ceux qui se croyaient ses protecteurs, que de ceux qui se déclaraient ses ennemis ; qu'il fallait remonter à cette source d'où sont sorties toute la civilisation, toutes les lumières, toute la politique, toute la morale des temps modernes, mais dont ni les siècles ni les hommes n'ont pu ternir la pureté. Est-ce à dire que nous voulussions des attributions politiques pour le clergé, des places et des faveurs pour les hommes pieux, de la religion par lois et par ordonnances ; non, messieurs : alors comme aujourd'hui nous ne demandions pour la vérité qu'une alliée unique, la liberté : Liberté de conscience, liberté d'association, liberté d'enseignement, liberté de la presse, voilà quels devaient être, selon nous, ses moyens d'action, voilà ce que nous réclamions, nous, catholiques zélés, nous, royalistes de cœur et de conviction : car nous avions vu la liberté religieuse dans l'Évangile, la liberté politique dans l'histoire de notre patrie, et nous pensions que la foi devait s'allier à la science et à l'esprit d'examen, de même qu'une royauté forte devait avoir pour base de larges franchises nationales. Ceci se passait sous la restauration; car à nous, au moins, on ne reprochera pas d'avoir changé de langage en changeant de position, de réclamer hypocritement pour nous ce que nous voulions refuser aux autres, lorsque nos amis étaient les plus forts. Nous avons le droit d'être protégés sous M. Périer par la liberté de la presse, nous qui n'avons cessé de plaider sa cause sous M. de Polignac.

La révolution de juillet ne nous prit pas au dépourvu : nous l'attendions et nous l'avions plus d'une fois prédite. Nous savions que l'œuvre de régénération à laquelle nous nous étions voués n'était pas l'affaire d'un jour, qu'elle ne s'accomplirait probablement qu'au milieu de crises pénibles, de longues douleurs, leçons trop souvent nécessaires à l'éducation des peuples, et nous continuâmes à semer nos doctrines sans découragement ni désespoir. A des cœurs abattus, nous avons prêché l'espérance, à des âmes impatientes, la résignation : à tous la foi dans l'invincible puissance de la vérité, et le combat par la discussion, jamais l'appel à la force, jamais l'emploi d'autres armes que celles de l'intelligence.

Nos doctrines ont pour fruits naturels la modération et la tolérance, et nous croyons que ces qualités n'ont point manqué à notre polémique, avant comme après la révolution. Notre langage a toujours été plein de gravité et de calme, parce qu'un homme consciencieux respecte les convictions contraires à la sienne, lorsqu'il croit à leur sincérité. Loin d'être tentés d'insulter ceux que l'éducation, les événements, mille circonstances fortuites ont jeté dans de fausses voies, nous ne trouvons pour eux dans notre cœur qu'une compassion fraternelle.

Mais je vois qu'en voulant caractériser nos travaux, je suis emporté bien loin de la sphère des querelles et des intérêts du moment ; c'est qu'en effet nous vivons plus dans l'avenir que dans le présent. Nous jetons des idées dont le temps seul doit amener l'application ; mais, comme hommes d'action, comme hommes pratiques, notre heure n'est pas encore venue et nous ne l'avons dissimulé ni à nous-même ni aux autres. La *Revue Européenne* a un caractère plus philosophique encore que le *Correspondant*, et, en effet , dans un temps où les événements vont si vite, le mode de publication d'un recueil mensuel ne lui interdit-il pas toute part active aux disputes de chaque jour, et la politique peut-elle y être considérée autrement que comme une science ?

La *Revue* n'est pas un journal : c'est un livre que nous aident à faire d'illustres savants français et étrangers, et où la politique, le plus souvent , ne tient pas la première place, parce que la régénération future de l'ordre social tout entier est ce qui nous occupe, et que bien des événements qui agitent , qui passionnent les esprits , qui font naître de violentes tempêtes parlementaires, ne laisseront aucune trace de leur passage , tandis qu'un système philosophique , une seule idée nouvelle , tombée inaperçue dans la société, changera peut-être la face du monde. Vous le voyez , messieurs, sans rester indifférents aux souffrances actuelles d'une patrie que nous chérissons , nous songeons de préférence à préparer ses destinées à venir, ce qui convient mieux à notre âge , âge du long espoir, des pensées lointaines, des illusions, si vous voulez. Des hommes qui , dans un but pareil, loin des voies où se précipitent les ambitieux et les chercheurs de fortune consacrent leur jeunesse à la science et aux études les plus sévères, sont trop rares aujourd'hui pour ne pas mériter quelque bienveillance de la part de leurs concitoyens, et nous avons la confiance que vous aurez pour eux d'autres encouragements que des amendes et des cachots. Fussent-ils sortis un moment de leurs habitudes réservées pour faire entendre des paroles de colère , il y aurait de la justice à ne pas les juger sur une exception et à tenir compte de l'ensemble de leurs travaux : mais ce n'est pas ici le cas, messieurs, et nous n'avons point démenti notre caractère en accueillant de véhémentes provocations, des diatribes acerbes et injurieuses. L'article incriminé n'est empreint ni de passion ni de violence, et les poursuites du ministère public seraient tout à fait inexplicables pour nous, si elles ne découlaient naturellement du système adopté par lui dans la poursuite des délits de la presse, système que la conscience publique a réprouvé parce qu'elle y a vu l'arbitraire aveugle de l'esprit de parti plutôt qu'un zèle éclairé pour les intérêts de l'ordre et de la paix publique.

Un gouvernement né d'une révolution faite pour sauver toutes les libertés, surtout celle des journaux, devait à la presse un respect presque filial : il était obligé, du moins, de supporter beaucoup d'elle. Mais il s'est montré plus susceptible, plus intraitable qu'aucun autre : ce banc où les écrivains sont venus s'asseoir en foule m'en est témoin. Si les hommes aujourd'hui au pouvoir se fussent conformés aux principes qu'ils avaient posés dans d'autres temps, ils n'eussent cherché à réprimer que la licence, c'est-à-dire les injures, les outrages, les appels aux passions. Mais ce sont les opinions elles-mêmes qu'ils ont cherché à extirper, à étouffer, en fatiguant, en intimidant leurs organes à force de saisies et de procès. Qu'un dessein de ce genre ait été suggéré d'abord par les embarras d'une position difficile, il ne faut pas trop s'en étonner ; ce qui surprend, c'est qu'on y persiste encore, c'est que l'expérience n'ait pas fait renoncer à une entreprise inexécutable, et qui ne pourrait réussir momentanément sans amener plus tard une réaction violente ; car les opinions comprimées trouvent dans leur compression même une incroyable force d'explosion, lorsque ces opinions sont puissantes, vivaces, répandues dans une multitude d'esprits.

Or, le gouvernement a en dehors de lui deux grands partis qu'il ne peut pas faire taire, à moins de bâillonner plus de la moitié de la France : il n'a qu'un seul moyen de neutraliser ces deux rivaux redoutables, c'est de rendre la France assez heureuse et assez glorieuse pour qu'elle n'ait rien à regretter, rien à désirer. S'il y réussit, ni les attaques des légitimistes, ni celles des républicains ne seront à craindre pour lui. Mais, ou la liberté des opinions n'est qu'un vain mot, ou il faut reconnaître que toutes ont le droit de se produire, d'entrer en lice, pourvu que dans cette guerre, qui est organisée par la charte et qui est le fond de toute constitution libre, elles ne se servent que d'armes permises; qu'elles cherchent à persuader les esprits, non à émouvoir les passions, qu'elles fassent appel à l'intelligence, non à la force. Dans une société aussi divisée que celle où nous vivons, la loi ne peut prendre parti sans injustice; elle ne doit pas considérer le fond des opinions, mais la forme sous laquelle elles se présentent et s'expriment. Le ministère public n'a point fait cette distinction, quelque bien établie qu'elle eût été autrefois par l'opposition libérale: l'énonciation de tout principe opposé à ceux sur lesquels repose le gouvernement actuel constitue un délit à ses yeux: du moins beaucoup d'écrits ont été poursuivis pour des raisonnements, des conjectures, des exposés de faits, pour la simple manifestation d'un désir ou d'une espérance.

Pour suivre ce système dans toute sa rigueur, il aurait fallu tous les jours saisir huit ou dix journaux dont les principes sont en opposition avec ceux de l'ordre de choses actuel. Mais une semblable Saint-Barthélemy eût été le comble de l'odieux et du ridicule : il a donc fallu s'y prendre autrement. Quand un régiment s'est rendu gravement coupable, comme on ne peut l'exterminer, on le décime : on tire au sort ceux qui paieront pour tous les autres. De même le ministère public a décimé les journaux classés par lui comme suspects. Il les a poursuivis à raison de leur couleur, de leur tendance, non pour tel ou tel acte violent ; car la plupart du temps l'article incriminé n'avait rien qui le distinguât de celui de la veille, qui n'avait pas été poursuivi, de celui du lendemain, qui ne devait pas l'être. C'est ainsi que le sort sera tombé sur la *Revue Européenne*, parce qu'un beau jour, long-temps après la publication de notre numéro, des feuilles quotidiennes, en en citant quelques passages auront rappelé à MM. les gens du roi qu'il existait un recueil dont les principes n'étaient pas ceux du ministère, et dont le tour de saisie n'était pourtant pas encore venu.

Heureusement pour la presse, le jury n'est pas tenu d'a-
dopter cette jurisprudence, et dans le fait, il l'a souvent
réformée. Si, au lieu de lui déférer sans cesse de pures
opinions, on n'eût appelé sa sévérité que sur des écrits
violents, injurieux, passionnés, propres à troubler la paix
publique, il eut prêté son appui à une répression raisonna-
ble, conforme aux principes de la Charte, qui n'eût touché
qu'à l'abus, non à l'usage de la liberté. La conscience publique, représentée par lui, n'eût pas donné au parquet
d'aussi fréquents démentis, et dans ce cas, Messieurs, jamais la *Revue Européenne* n'eût été appelée à comparaître
devant vous : car quelles que soient ses opinions, elle les a
constamment exprimées avec une gravité et une modération
qu'on ne rencontre pas toujours ailleurs : l'article qui vous
est dénoncé ne fait point disparate dans ce recueil; il n'y a
ni plus de violence, ni plus d'emportement que dans le
reste, à tel point que l'accusation, pour y trouver un délit,
a dû entrer dans la carrière des interprétations, expliquer à
sa façon le sens de nos paroles, traduire arbitrairement
notre pensée, ou plutôt lui substituer ses propres créations.
Je vais essayer de la restituer, de vous la montrer telle
qu'elle est, de vous faire concevoir dans quel sentiment cet
article a été écrit, ce qu'il est dans l'ensemble de la *Revue
Européenne*, et ce que les vingt lignes qu'on incrimine, sont
dans l'ensemble de l'article : toutes choses qu'il vous faut
apprécier pour juger avec connaissance de cause.

Ce long travail intitulé du *Présent et de l'Avenir* est une sorte
de statistique morale de la France, un tableau de l'état de l'o-
pinion, suivi de quelques conjectures sur les différents termes où peut aboutir ce que nous voyons. Nous avons cherché, en décrivant le présent, moins à juger les événements
en eux-mêmes qu'à constater leur effet sur les esprits, et il
nous a semblé reconnaître qu'ils avaient amené partout un
profond désenchantement, une indifférence complète pour
des institutions auxquelles on avait voué un culte d'enthousiasme; une telle lassitude, une telle crainte du mouve-

ment, qu'on ne soupire plus qu'après la paix et le repos, de quelque part qu'ils viennent, à quelque prix qu'ils soient achetés. Examinant alors l'un après l'autre tous les pouvoirs sociaux, constitués ou non constitués par la loi : la royauté, les deux chambres, l'administration, la presse périodique, nous avons trouvé dans leur mauvaise organisation, leur désaccord, leurs éternelles rivalités, la cause du découragement universel; nous nous sommes demandé quel pouvait être, dans cette disposition des esprits, l'avenir des divers partis ou des divers principes. Nous avons dit que le parti légitimiste nous paraissait avoir plus de chances qu'aucun autre, pourvu qu'il n'espérât ni dans les conspirations, ni dans la guerre civile ou le secours de l'étranger, ni en des alliances contraires à sa nature et à ses principes ; pourvu qu'il n'attendît rien que du temps et de la force des choses. Nous ne faisions du reste que conjecturer ; car tant de difficultés ne nous semblaient pas devoir trouver de long-temps une solution définitive. Enfin nous élevant à des considérations d'un autre genre, et cherchant dans le passé quelques lumières pour l'avenir, nous avons vu des raisons d'espérer dans ce que les païens auraient appelé la fortune de la France, et dans ce que nous appelons, nous, la protection particulière de la Providence, qui, dans toutes les crises que notre patrie a eues à subir, s'est plue à déconcerter tous les calculs en envoyant un remède inespéré au moment où on l'attendait le moins. Que les hommes positifs traitent tout cela de rêveries, s'ils veulent; toujours est-il que ces rêveries ont le droit de se produire, et que ce n'est pas pour elles que les lois pénales ont été faites. J'insiste sur la conclusion de l'article, parce que tout ce qui la précède, n'est destiné qu'à l'amener, parce que nous n'avons décrit et analysé ce qui se passait autour de nous que pour en faire ressortir cette vérité, qu'il n'y a rien à attendre des efforts humains, dont tout manifeste l'éclatante impuissance ; mais qu'il faut espérer en Dieu qui nous a donné des conducteurs extraordinaires toutes les fois

qu'il nous en fallu, qui a envoyé Jeanne-d'Arc pour chas-
ser les Anglais, et Bonaparte pour terrasser l'anarchie. Dans
ce plan général, le tableau de la société actuelle n'est que se-
condaire, accessoire; ce n'est qu'une simple introduction.

Ce tableau, j'en conviens, est peu flatté ; nous l'avons
tracé l'âme pleine, non de haine et de colère, mais de cette
douleur que ressent un bon citoyen à la vue des misères
de sa patrie. Les révolutions mettent violemment à nu le
cœur de l'homme, comme les tempêtes découvrent le fond
vaseux de l'Océan, et le cœur de l'homme est un triste
spectacle. Dans les vingt mois qui viennent de s'écouler,
bien des réputations se sont perdues, bien des masques sont
tombés ; nous avons vu les plus fiers champions de la liberté passer du côté du despotisme ; des caractères si intrai-
tables, des convictions si énergiques s'assouplir et se fondre
au contact corrupteur du pouvoir ; l'ambition, la cupidité,
toutes les passions intéressées se produire et s'étaler là où
l'on s'attendait à trouver la plus haute vertu, le plus pur
patriotisme.

Nous avons épanché tout ce que cette vue avait mis de
tristesse et de dégoût dans notre âme : est-ce donc un crime
que cette franchise, et y a-t-il une loi qui nous ordonne
d'admirer nos contemporains, d'être toujours l'encensoir
à la main devant notre époque ? Nous avons dit ce que nous
pensions du régime actuel et des partis qui l'exploitent,
mais avons-nous poussé qui que ce soit à le renverser ;
n'avons-nous pas déclaré au contraire que nous n'avions
pas foi aux remèdes violents, que nous n'espérions que dans
le temps, dans l'expérience, dans l'action lente, mais sûre
des idées ? Tout le monde a le droit de croire au triomphe
nécessaire de la vérité, et chacun croit que sa doctrine est
la vérité : chacun, par conséquent, doit lui adjuger l'avenir.
Que l'avenir au moins soit du domaine commun, et que les
possesseurs du présent ne s'en attribuent pas le monopole !...

Je m'aperçois qu'en analysant mon article je n'ai pas
parlé du terrible chef d'accusation d'offense envers la per-

sonne du roi, terrible en effet, puisque le minimum de la peine qui lui est attribuée est six fois plus fort que celui que la loi a fixé pour l'excitation à la haine du gouvernement, par exemple. Il est tout naturel que je l'aie passé sous silence; tout ce que nous avons dit de la royauté tient peu de place dans l'article. D'abord il faut convenir que si nous avons eu l'intention d'ébranler la monarchie de 1830, nous nous y sommes pris bien maladroitement. Dans un travail de vingt pages nous avons consacré, en passant, à la royauté quelques lignes écrites avec tout le calme de l'histoire, où nous n'avons pas même exprimé un sentiment personnel, et qui sont tellement perdues dans la série de faits et de déductions dont se compose l'article, qu'il est impossible que celui qui l'a lu en entier n'ait pas oublié ce que nous avons pu dire de Louis-Philippe.

Pour bien juger le passage incriminé, il faut se reporter au moment où il a été écrit : c'était celui de la discussion de la liste civile : tous les journaux, grands et petits, revenaient continuellement sur cette question, et leur langage était si dur, qu'un journal, défenseur attitré du gouvernement, leur demandait grâce pour la royauté, les suppliait à genoux d'enfoncer moins rudement sur son front la couronne d'épines. Or quelle part avons-nous prise à cette controverse ? Nous nous sommes bornés à l'exposer; nous avons rappelé ce qui se disait chaque jour dans les feuilles publiques, sans nous en rendre garants, sans y joindre un seul mot d'approbation ou d'encouragement : puis nous avons conclu que ces bruits vrais ou faux, que ces affronts de tous les jours affaiblissaient singulièrement la royauté, que cette inimitié entre elle et la presse, finirait par rendre impossible leur existence simultanée. La même opinion a été exprimée par des journaux ministériels et à la tribune par des députés du centre : seulement nous n'y avons pas joint, comme eux, des plaintes, des lamentations, des tirades contre *la mauvaise presse*, parce que nous ignorions encore que la neutralité dans cette querelle fût un crime. Quant aux accusations portées par les journaux contre Louis-Philippe, nous pensions les avoir exposées avec une modération et une impartialité peu à l'usage de ceux qui traitaient alors ce sujet. C'est cette modération même qui nous a nui ; car le ministère public y a vu une noire perfidie, bien plus coupable, bien plus dangereuse que de violentes invectives. L'acte d'accusation m'a appris que, *sous prétexte de ne présenter qu'un simple exposé de faits, et un récit des attaques de la presse opposante, j'avais su réunir toutes les circonstances que la malignité de certains journaux avait pu inventer contre la personne du roi.*

J'avoue, Messieurs, que ces termes m'ont révolté, et qu'il m'est difficile de les discuter de sang-froid. On convient que le délit n'est pas apparent, *nous n'avons fait qu'un récit des attaques de la presse opposante ;* mais on perce ce voile ; on va fouiller dans notre conscience pour y surprendre nos intentions ; et ces intentions sont d'autant plus coupables qu'elles se cachent mieux ! Nous rejetons avec indignation ce personnage de fourbe que nous fait jouer l'imagination du ministère public , et dont un simple appel à vos souvenirs vous fera sentir toute l'absurdité. Comment ! au moment du plus violent déchaînement de la presse, lorsque les affronts les plus sanglants, les inculpations les plus directes pleuvaient de toutes parts sur Louis-Philippe, nous seuls aurions eu recours à des voies détournées ; nous aurions cherché des prétextes pour dire mystérieusement et comme à l'oreille , pour insinuer d'un air craintif ce que tant d'autres imprimaient impunément sans voile et sans réticence ! Il faut avouer que notre haine eût été bien avisée , et que ces insultes de seconde main, lancées une fois par mois, étaient propres à produire un grand effet au milieu de tant d'amères et violentes diatribes, jetées chaque jour à profusion. Mais alors nous aurions poussé la lâcheté jusqu'au bout: au lieu de nous exprimer avec la clarté et la netteté qu'on voudra bien reconnaître dans notre langage ; nous aurions parlé par allusions ; nous nous serions servis de ces allégories transparentes dont l'invention est si aisée et l'effet si piquant, aussi embarrassantes à attaquer que faciles à défendre ; nous aurions appelé à notre aide tous les stratagèmes de la langue française, si commode pour éluder les lois et se moquer des juges. Mais telles ne sont pas nos allures, Messieurs. Notre cause ne veut être soutenue que par la loyauté et la franchise ; elle a horreur des petites ruses, des voies obliques et des moyens détournés. Croyez-en notre parole, si nous avions eu l'intention d'insulter Louis-Philippe, nous l'aurions fait directement, en face, avec l'énergie de francs adversaires ; nous ne nous serions pas cachés honteusement derrière les paroles d'autrui. Mais nous n'avons voulu faire que ce que nous avons fait : constater l'état de l'opinion publique relativement à la royauté, et chercher ce qui pouvait résulter de la guerre engagée entre elle et la presse. Nous n'avons pas pris sous notre responsabilité les accusations que nous rappelions, parce que nous ignorions jusqu'à quel point elles pouvaient être fausses ou vraies, et qu'en pareille matière, nous n'affirmons que ce dont nous sommes sûrs. Puis les rôles d'insulteurs étaient trop bien remplis pour que nous voulussions perdre une voix de plus au milieu de tout ce tapage. Nous n'aimons à insulter personne ; l'emploi de l'injure n'est ni dans nos principes ni dans nos habitudes ; mais si nous étions tentés d'y avoir recours, ce ne serait pas lorsque la foule s'en empare. Nous n'aimons pas à avoir tant d'auxiliaires ; nous avons assez de fierté pour vouloir être entendus lorsque nous parlons et pour ne pas nous faire par conséquent les échos affaiblis de je ne sais quels pamphlétaires. Une autre raison encore nous aurait empêchés d'outrager Louis-Philippe : c'est que nous n'approuvons pas qu'on s'attache à avilir le pouvoir ; il ne faut pas se servir de traits qui peuvent rejaillir sur ceux qui les lancent. Que les républicains cherchent à déconsidérer la royauté, cela se conçoit ; mais nous, qui croyons qu'une monarchie est nécessaire à la France, nous ne trouvons pas bon que les peuples s'habituent au mépris du trône ; nous ne voudrions pas nous servir d'armes dont, en d'autres circonstances, nous aurions condamné l'emploi ; car nous ne sommes pas de ceux qui croient que le succès justifie tous les moyens.

L'accusation m'a mis dans la nécessité de défendre mon caractère d'honnête homme, d'homme consciencieux et loyal, contre des insinuations que rien ne pourrait justifier, si elles ne s'expliquaient par des habitudes de métier qui portent à ne jamais croire aux choses toutes simples et à chercher partout la ruse et le mensonge. Pour vous, Messieurs, qui n'êtes point condamnés par votre profession à ne voir que les mauvais côtés de la nature humaine, vous savez maintenant, j'en suis sûr, que celui qui vous parle, quels que soient ses principes et ses penchants, n'a du moins que de ces convictions sincères qui agissent toujours au grand jour, parce qu'elles croient n'avoir qu'à gagner en se montrant tout entières.

Je suis fils d'un homme qui, à la tribune de l'assemblée constituante, combattit avec éclat la révolution qui commençait : il ne se distingua pas moins par sa loyauté que par son éloquence. Amis et ennemis rendirent hommage à sa droiture, à son désintéressement, à son patriotisme. Ce fut peut-être le caractère le plus honorable et le plus pur de cette époque. Ce modèle, Messieurs, est toujours devant mes yeux : je suis jaloux de reproduire, sinon le talent de mon père, l'hérédité n'a guère lieu en pareille matière, au moins ce qui dépend de moi, sa haute probité politique, sa loyauté, son ardent amour du bien public. Jeune encore, j'ai souvent parlé à mes concitoyens, et je ne leur ai jamais adressé une ligne qui n'ait été l'expression de ma pensée intime, l'épanchement même de mon âme : car j'ai toujours écrit devant Dieu et devant ma conscience.

Mon père, dans une lettre adressée au malheureux Louis XVI, et où il lui demandait la faveur de plaider pour lui devant la Convention, se rendait le témoignage que, quoique défenseur constant du pouvoir monarchique, nul n'ayait pu le soupçonner de ne pas aimer la liberté. J'ai hérité des principes et des sentiments de mon père, Messieurs. Mon rêve chéri, avant la catastrophe de juillet, était la conciliation de ces deux grandes nécessités de mon siècle et de ma patrie. J'ai vu tomber avec douleur le trône des Bourbons, non que sa chute m'ait enlevé des faveurs de cour ou une position brillante; je n'étais rien que ce que je suis à présent, et je suis du petit nombre de ceux dont la situation n'a pas changé; mais je croyais que la légitimité était une puissante garantie d'ordre et de stabilité; je prévoyais que son renversement serait suivie d'agitations infinies et d'interminables souffrances. Je n'ai ni goût ni sympathie pour le gouvernement actuel, et je ne connais aucune loi divine ou humaine qui m'oblige de l'aimer; mais je crois que des tentatives violentes pour le renverser, troubleraient le pays sans profit pour personne.

Si l'ordre de choses créé par la révolution est radicalement mauvais, il tombera tout seul par le vice de son principe et par les fautes qu'amène nécessairement une fausse position; car les gouvernements d'ordinaire se précipitent eux-mêmes plutôt qu'ils ne tombent sous les coups de leurs ennemis. Si au contraire ses adversaires se trompent, si c'est le régime qui convient à la France, le régime le plus en harmonie avec ses opinions, ses mœurs, ses besoins, le nombre de ses partisans s'accroîtra chaque jour, et alors tout ce que tenteraient de faibles minorités, ne servirait qu'à les faire écraser. Parmi tant de doctrines qui se partagent la société, une seule est la bonne, et celle-là, quelle qu'elle soit, finira par rallier tous les esprits. Mais la force de la vérité est en elle-même; qu'elle ne la cherche pas dans les chaînes et les baillons lorsqu'elle est au pouvoir, dans les insurrections et les émeutes lorsqu'elle essuie un revers passager: car c'est pour elle que le temps travaille, et la vérité doit être patiente comme Dieu, car elle aussi est éternelle.